O QUE PÔDE SER DITO

Poemas

CAPA E PROJETO GRÁFICO **Frede Tizzot**

ENCADERNAÇÃO **Patricia Jaremtchuk**

© 2019, CAJARANA

L 437
Leão, Igor Zanoni Constant Carneiro
O Que pôde ser dito / Igor Zanoni Constant Carneiro Leão. – Curitiba : Arte & Letra, 2019.

104 p.

ISBN 978-85-94385-16-1

1. Poesia brasileira   I. Título

CDD   869.1

Índice para catálogo sistemático:
1. Poesia : Literatura brasileira   869.1

CAJARANA
Curitiba - PR - Brasil
Fone: (41) 3223-5302
www.arteeletra.com.br - contato@arteeletra.com.br

Igor Zanoni Constant Carneiro Leão

O QUE PÔDE SER DITO

Poemas

Curitiba
2019

Escrevi meus primeiros poemas nas aulas de português do velho Colégio Estadual Culto à Ciência, na então pequena Campinas onde passei meus anos de formação. Não deixei mais este hábito: ninguém escreve porque gosta, mas porque precisa. Mas sempre o poema é o que se pode dizer, ele tem suas leis íntimas, complexas, nem sempre devassáveis. Neste volume recolhi versos às vezes antigos, um ramo de flores, todavia, ainda vivas. Quem desejar ler outros poemas, recentes, visite meu blog igorzanoni.blogspot.com. Estes versos vão, em especial, para as pessoas que me amam e que amo. Não é preciso dizer nomes, todas elas sabem desse amor, tão claro e tão oferecido.

antes que venha o orvalho
molhar os nossos lábios
sem mesmo ler nossos nomes
sobre a campa
antes que venha o orvalho dissolvê-lo

a tensão
inerente à superfície dos líquidos
há de impedir o resvalar da lágrima?

eu, poeta
filho imortal da extinta Escola Normal
ao lado dos meus eternos professores
e saudosos colegas
descalço no portal da minha estante
um pouco da minha autocrítica
eu posso
eu assim tão apaixonado e neoclássico
e um pouco preguiçoso e amante de boa prosa
que um poeta assim criado
à sombra da Biblioteca Municipal
ama sobretudo os amigos
os que vê e os que nunca vê
e com todos mantém sua unilateral cumplicidade
porém, poeta,
sabe o quanto brinca
e às vezes toca o peito por tocá-lo
fingindo buscar fósforos
mas em outra busca

há vários modos de se pôr em guarda
de colocar os dois pés atrás
e outros dois também
há vários modos de não comemorar uma festa
de economizar confetes
porque o futuro é incerto
há vários modos de se estar casado
de se ter amigos
e ver os filhos crescerem

nesta casa as paredes revelam
uma infiltração
cuja origem é impossível detectar
a casa já tem três décadas
os canos de cobre foram substituídos
por uma estrutura de canais
mantidos pelo óxido
a reforma não pode se evitada
a casa ainda vale
em que pesem o esplendor arcaico
do seu piso romano
e a ausência de suítes
em que pese só ter mesmo
essas paredes
tão antiga e bela e sem conforto
infiltradas
pode-se viver ali por algum tempo
mas mesmo o óxido
tudo está de pé
mas o mofo
o frio
o medo

quando você apaga a luz
faça o juízo mais rigoroso
não seja complacente
faça a conta inteira
mas depois apague
haverá ainda a chave
a porta
o corredor
a escada
e enfim a rua
e na rua será preciso de novo
toda a atenção

15 cc de angústia
perderam sua alma
os deuses viraram o rosto
os amigos se desviaram
o médico deu um bom conselho:
- Use seus recursos
e você se ergue pelos cabelos
como o Barão de Münchausen
no pântano

minha rua não está orientada
pelo Cruzeiro do Sul
o sol não nasce no meu jardim
e se põe no quintal
ou vice-versa
sua luz não entra na janela do escritório
indicando a hora de parar:
a ordem de toda a terra
disposta naquelas estrelas
não vale para a minha rua

ele não era muito hábil
o que nem se esperava
mas tinha bom coração
e por azar irrepetível
foi que matou o coelho
dentro dessa mesma cartola
que traz debaixo do braço
durante todo o trajeto
uma cartola fatal
mas que agora
ajuda a manter o aprumo

pedi teu amor
exigi mais do que era prudente
para ambos
foste tola e fui cruel
desejei-te em meu lugar
meu lugar solitário
onde só poderias
te sentires abandonada
e te seduzi
sem frieza
porém apaixonadamente
deixando nossos dois corações
partidos

tens as marcas do teu passado
nas histórias que recontas
nos heróis e fantasmas
que te assombraram
na figura que ainda não esqueceu
de todo a juventude
não te perderias por aí
não por essas marcas
algumas das quais reconheço
incomodamente
minhas também
como se nos parodiássemos às vezes
vezes demais
e trocássemos
nossas heroicas e fantasmagóricas
imagens especulares
enquanto conversamos
ao redor do café

quantas vezes quis abrigar
minha cabeça sob as tuas asas
esperando que te comportasses
como uma galinha com seu pintinho
e não quiseste
não me verás mais em tuas praças
não me embriagarei com ninguém
rirei daquilo de que tens zelo
ferirei tua vaidade estando só
longe dos teus poetas e generais
dos teus médicos e ministros
das tuas fontes e prédios
dos teus domingos e festas

ainda vives, sim, no meu sonho
enquanto alheio andas entre teus amores
e teu pecúlio
o dedo indicador contra o meu peito
à noite abro a janela
em busca de ar
e me imagino
sempre a metade do que desejas
sempre a caminho
e por isso me ensino
sempre, no sonho,
o caminho
enquanto olhas os colibris
no potezinho de água doce
do jardim

à noite pressentimos
sonhos indistintos
o repetido acordar:
os raros automóveis
os ruídos leves da casa
as cobertas
que mais uma vez arrumas
a noite repetitiva
didática
compêndio de uma anatomia
que crescentemente intuis
até te iluminares
atônito
nos limites exaustivos do sonho
nos exatos limites
que tão impreciso tocas
de manhã
porque a precisão é dom noturno
o que esqueces

velo pelas crianças
tardias
que em mim anunciaram
meu filhos brincando no jardim
quando só
já não me perco tanto
aprendo com meu cão
a voltar
e a sair

os dias se fecham
em pensamentos indistintos
entre o levantar da cama
e o tornar a cair nela
antes que venha a noite
a noite inabitável
as preocupações anteriores
o trabalho
o amor
o ócio
minadas na conversa corrente
o lampejo de uma luz do passado
subitamente à mostra já se furta
se desculpa confunde
o adeus que os amigos não podem impedir
ou retribuir

exercícios de separação
são árduos
mas fazem bem à pele
recomendando-se altamente sob este aspecto
sempre que optar
tende a mostrar-se inviável

eu poderia ter sido mais hábil
e por certo mais elegante
poderia não ver só o vermelho
e usar os ardis de um jogador experiente
poderia não colocar o jogo em campo aberto
fatigando-me em explicitar
o desenho exato da raiva
o ponto do caminho em que me situo
a torcedura de que não abrirei mão
aqui onde estou mais só e ressentido
onde me posto contra a parede
para poder reagir como um gato
mas gatos são hábeis e elegantes
distantes de tanto amadorismo

o meu dia foi rude
a tarde cai
com seu rol de maldições
rostos distantes
corpos que se furtam
no aceno de despedida
ou de encontro
o round silenciado
pelos comentaristas
revela o impacto
do futuro Parkinson

o blefe foi frustrado
mesmo bons jogadores
saem da mesa

certamente sua bondade e misericórdia
me seguiriam todos os dias
de minha vida
mas não seguiram
e uma primavera de luz bastaria
para iluminar todos os meus dias
futuros
mas não bastou
e em meu quarto
não em tua casa
escrevi elegias e fragmentos
nos quais uma luz ainda brilhava
outras vezes estive quieto e seco
e empobreceria o ser mais pobre
que comigo viesse ter
se eu não me furtasse

sempre se encontram limites
sob o sol
há um tempo para o café
ficar pronto
e um tempo para bebê-lo
há um limite para a queima
de um cigarro
outro para o sofrimento
sobre o patíbulo

sobre o meu coração cai
o pó das coisas
vou aprendendo a deixar
que ele caia
isso que as coisas têm
mais do que o hábito

depois do inverno
virá de novo o inverno
com os passantes dobrados sobre si
as casas fechadas
às correntes de ar
os corpos abafados
pelos agasalhos
não pense que tão cedo
virá a primavera
os meses são aqui muito longos
os dias passam devagar
sempre parece que depois do inverno
é um período demasiado
distante

por que esta flor não se abre
se o seu sol e a sua chuva
são o sol e a chuva de todas as flores?
por que se fecha em suas pétalas
mas deixando entrever
o coração de violeta?
quem adivinharia seu tempo interno
quem a libertaria do seu rigor
do peso que casa tão mal
com sua delicada estrutura?
por que sofre, na primavera,
o duro inverno?

senta
é tarde
e a aragem te envolve
a janta já foi feita
e os meninos sabem
vestir-se sozinhos
não esperas ninguém
e ninguém te espera
já plantaste o grão de hoje
agora és completamente desnecessária
nem tentes preencher o tempo
ouvindo discos ou lendo
tudo isto já fizeste
mas não fiques ociosa:
põe-te a extrair
entre mentiras de tua alma
as verdades que são tuas

quando eu morrer
não me reservem a glória
de um deus excessivamente compassivo
nem a cruel roda do carma
com suas reparações sutis
de ações no fundo vãs
deem-me apenas minha alma perdida
hoje
em brigas à hora no jantar
malabarismos para me manter honrado
e a pena que me impus
de decifrar meu mundo
deem-me meu velho pijama confortável
um maço de hollywood e meu isqueiro
deem-me minha alma vasta
tudo que me proibiram amar ou odiar
mas que ainda desejo amar ou odiar
e as figuras que me foram tão caras
e instantes que fugiram de mim
por meu medo e inabilidade
prometo solenemente deixar em paz
as casas em que vivi
não levar meu fantasma
para as cidades
onde sempre fui estrangeiro
nem aos lugares de trabalho
que me sufocaram
prometo não aparecer a ninguém

exceto àqueles que, casualmente,
decaídos em infernos pelos quais
eu mesmo passei
desejarem uma tragada
e a mão firme
com que escrevi este poema

origamis são frágeis
como as nuvens são frágeis
como o chá de evapora
e minha alma morre
assim celebro a glória do mundo
com minha usada passagem
a ambição deslavada
e o olhar sem foco
assim celebro
tudo que pela lei penal do Éden
é transitório
e se a graça me cabe
torna-se eterno ouro
a comida que toco

quando você se aproxima
ou sorri
sinto a urgência do intraduzível
do indizível
e troco meu lápis
por sua pele

embriagando-me com vinho do porto
ao som de fina estampa
consolo esta alma
aqui ó
que só tu não vês
e que me faz acender de madrugada
o abajur
e escrever
este verso
que desprezas

a chuva fresca
desceu sobre minha pequena roseira
e sua única rosinha
tão carecida
era madrugada
eu lutava como um anjo torto
que sempre me faz coxo
até que eu acorde exausto
pus uma roupa clara
e tênis
e senti em mim coragem
para viver não mais um dia
mas mais cem anos
e se, quando te vi,
permaneci como sempre
quase calado
não sei se você viu
à nossa volta
como já íamos em plena primavera

amo
a lenta circulação
das coisas no quarto
das que se vão
das que ficam comigo
veladas para sempre
pela memória
seu dom de surpresa

deixa que eu segure tua mão
por um instante
e observe o teu cabelo
que pintaste
falamos pouco, até hoje
não tornaremos a nos falar
no futuro
breve deixarás esta casa
na qual de algum modo
nos pertencemos
e me esquecerás
não precisarei sequer
de uma soturna ave
a pressagiar-me
o teu jamais

você me amaria para sempre
mas, agora,
sua voz vem no capim
enquanto desço estas veredas vertiginosas
eu não amaria assim
meu coração é uma laje dura
como a que lhe cobre
você é irrequieta
espalha minhas flores
como pode brincar
em um lugar tão sério?

a angústia não é um vale
desde o qual tudo parece inacessível
mas antes um alto monte
sobre as ravinas e veredas circundantes
agora estou calmo, porque triste,
e a tristeza é calma e sedutora
como a noite que, não obstante
cega e nega
e solta seu demônio
oh! noite sepulcral!
não me deténs
passas e eu também
mas é meu
o calendário
o mapa
o rosto do sudário

agora, mais maduro,
percebo o que tuas mãos
têm de ave:
a ossatura frágil
o frêmito voo quase sem limites
ao mover a armação tão alva
e a prontidão vigilante
de quem partirá no próximo instante
se soprar a precisa corrente aérea
a exata temperatura do ar
e o pacto com o vento
o movimento
que, infeliz,
não posso fixar
nessa marinha

viver é vão
e já não sei
se vivo por viver
ou por me ir morrendo
trago em mim o odor de rosas murchas
e a brevidade do voo dos insetos
por que a vida insiste
ácida
descomedida
se viver é chaga?

murmuro teu nome Campinas
tu em mim tão exilada
Campinas
Campinas
por que me abandonaste?
à sombra dos plátanos daqui
pediram que eu cantasse
e eu murmurei o som do vento
nos flamboyants do castelo
como murmuro sempre
mãe
quem jamais te esqueceria?
cortem-me a mão antes disso
e meus olhos fiquem cegos
Campinas que não retorno
que da vida me fiz estrangeiro

(Em memória de Guilherme Almeida)

poeta menor
escolhi o tom menor
para minha música
canto uma cidade: Campinas
e uma moça cujo nome não conto
mas jamais atinei
para cantá-las
com a exata linguagem
de tanto amar me fiz triste
o que fica bem nos poetas
prefiro como imagem
as coisas mais de meu uso:
meu cigarro
minha insônia
meu abajur
mas às vezes minhas metáforas surpreendem
deixando-me de todo inseguro
e passo o pires
buscando a aprovação alheia
se tiveres comigo afinidade
posso mostrar um baú de saudade
caso contrário não me contraries
sou poeta menor
mas não modesto

essa tristeza serena que apresento
é meu seguro
contra o golpe da tua mão
por isso me quero sempre triste
por isso insistes em atirar-me ao rosto:
- Triste!

trazes água na concha das mãos
e eu estou tão longe e tão sedento
e em cada momento minha vida escorre
com a água que trazias em tuas mãos

sente como o ar ficou leve
e as coisas todas saltaram
em suas vigorosas cores
e houve ritmo e rigor
quando a menina de amarelo
entrou

entre baratas ariscas
e o odor maduro das bananas
fumo na cozinha
um maço de hollywood
enquanto espero
por você
açucena
matando-me de enfisema

hoje minha vida não conta
as lembranças não ajudam
e talvez vá passear na rodoviária
levo nos bolsos cigarros
isqueiro
pente
e algum dinheiro
descubro uma rua mais dura
e um café aceso
que não me deixa perder
o fio de lucidez
os anúncios são cínicos
para quem não tem casa, família
nem amigos para os quais
eu mesmo anuncio
que talvez tudo não continue
e continue bem
já não sou minha antiga boa companhia
estou do outro lado
alheio
perigo potencial
e ninguém a quem culpar

a concha vazia
ainda fala do mar
do mar sem mitos e peixes
viagens ou naufrágios
está destinada a concha
a esse essencial marulhar?
que o tempo passando não cessa
o tempo diante do qual tudo cede
de dentro de sua forma óssea
está destinada a concha
a esse eterno mar
interno?

agora que te deixo
muito mais a mim mesmo deixo
porque tu estarás sempre contigo
e eu nunca mais comigo
tua palavra era a minha
e minha a tua benção
agora estou incrédulo e mudo
coisas do mundo

vencido quase o prazo desta vida
na qual nada humano me foi alheio
um olho no retrovisor casa vez mais nítido
outro no futuro que só os tolos desejam
sinto o quanto estive preso
às partes podres do meu tempo
o quanto estive destinado desde o início
não ao fracasso porque feroz lutei
mas à derrota
de que nem por um segundo
duvidei

agora que os agiotas da tua alma
foram dormir
relaxa um pouco
rapaz
espanta essa tristeza incompatível
com os bons apreciadores da madrugada

um violãozinho soa na madrugada
um violãozinho furreca, chinfrim
e eu aqui tresnoitado de tristeza...
mas quando ele erra uma nota
que vontade que me dá
de rir de mim!

as melhores coisas são silenciosas
o brotar de uma haste
o espaço em que o canto de um pássaro
está suspenso
as melhores coisas não duram muito
um beijo
uma infância
a leitura de uma carta
o resto é lixo
que jogamos sob o tapete

num dia em que minhas mãos
não estiverem tremendo muito
minhas mão tremem não sei
se por causa do álcool
da cafeína
ou do tabaco
te escreverei uma longa carta
contando uma porção de bobagens
que se resumem
em uma única verdade:
que eu te amo
que eu te quero
que estamos por demais separados

meu pai persuadia-me de que o trabalho
antes inteligente que diligente
tornaria o Brasil um bazar de maravilhas
falava pouco
antes agia
era seco
racional
de escasso afeto
com ele aprendi a criar cobras
para retirar o veneno e enviar ao Butantã
dirigiu hospital
a Farmácia do 2º BFron em Cáceres no início dos anos 60
era adepto fervoroso de Josué de Castro
minha mãe era loira, bonita
punha cornos em meu pai
fumava
bebia
gostava de festas
fez meu pai comprar um carro
para passearmos aos domingos na Praia Azul já em Campinas
onde usava um maiô de duas peças
mostrando a barriga bem feita
foi infeliz
tentou suicídio
separou-se e morreu
tirando uma sesta numa casinha de vila no Rocha
cedida por minha madrinha

todas as tardes eu passo
com meu saco de carvão às costas
gritando:
- Eh! Carvoeiro...
imitando o verso de Manuel Bandeira
todas as tardes
sem vender nada
tento dizer aos fiscais do Ibama
que o carbono 14 revelaria
que minha idade é a mesma
do meu saco de carvão

mesmo que não viesses
jamais
eu te esperaria
pintaria a cerca de azul novo
pediria à minha rosinha
que suportasse um pouco mais
o frio
e seria desde já feliz
como a raposinha de St. Exupéry

colho o silêncio
colho a solidão
como podes ver algo
em minhas máos?

deixa-me, Senhor,
um pouco mais
não me recolhas já ao Teu aprisco
deixa-me mastigar cardos selvagens
deixa-me ao relento, à noite
entre os cactos e os espinheirais
que, se deste por mim teus sofrimentos
é preciso acrescentar-lhes, ainda
um pouco mais dos sofrimentos meus
que ignoraste

Campinas
teu nome desenha no ar
paisagens
solo
caminhos

você chorou
mas ninguém ouviu
porque você estava
do lado de cá da lua azul
que banha a sala todas as noites
pontual como o apito do guarda
no seu morse ordinário
sinalizando o socorro próximo e constante
desvelo materno sobre o filho que dorme
sobre sua cólica
seu choro descabido
porque todos estão aqui
astros e estrelas inscrevendo
seu nome entre os que têm remédio
dizendo
redizendo
de todas as maneiras
que tudo tem remédio
dorme meu bem
com seus anjos

quando você se for
não vá depressa
porque a pressa é inimiga da perfeição
deixe-me seguir consigo
um trecho do caminho
não o bastante
para que eu o aprenda todo
telefone às vezes
para que eu dê tempo ao tempo
mas não demais
para que um dia
sozinho neste casa
vá molhar as roseiras
esquecidas
que você
não eu
as plantou
e que rosa
você foi
e é

faz muito frio
é noite
no centro de Curitiba
dormem
crianças com fome
doentes
e não muito boas
parte do povo de Deus
que Jesus veio buscar
mas ainda não levou

o que fiz
e o que não fiz
da minha vida
em parte sei
em parte não
ninguém diga
que minha vida
foi isto
ou aquilo
isto não digo
e não se diz

no domingo passado
ao fim da sessão das duas
Zatoichi, o Justiceiro Cego
saiu do cine Carlos Gomes
disposto a fazer justiça
com as próprias mãos
depois comeu um pastel
com caldo de cana
e tomou o bonde 10
de volta para casa

às tardes
correndo entre os trilhos
lembrem Dodeskaden
entre lagartos imóveis sob o sol
sinto que minha vida
corre comigo
mas que veloz
logo se adianta
deixando-me só
nesta infeliz paisagem
do Castelo

a tristeza é dócil
come na mão
mas não tente montá-la
ou dirigi-la
a tristeza ignora
caminhos

tens sede de mim
e eu de ti
mas não nos damos água
enquanto nossa vida escoa
nessa cidade escura e fria
de conquistas por demais antigas
como os poetas tristes
cantamos a agonia
que nos gerou

não se esquece
a primeira aranha no quarto
não pensávamos
que ela pudesse entrar ali
sobre os lençóis floridos
e os bichos amigáveis de pelúcia
nem o primeiro beijo
às cegas e desajeitado
mas irrecusavelmente gratificado
ou a primeira morte na família
os gestos tristemente eficazes
necessários ao enterro
e a primeira visão de uma biblioteca
com o seu sentido de poder e da impotência
diante do que pode ser dito
e do que não pode

gosto da boca cheirando a vinho
e a tabaco
da palavra dura
voando da mão espalmada
e da camisa suja
de quem suou
mas não pôde banhar-se
gosto da doçura que se recolhe
com a vassoura
pelo chão dos quartos

o povo gosta de coisas fortes
se apega em Deus
na pinga
e no feijão
mas quando o caso é bravo
se apega à Virgem
que é doce
e entende de dores

ele não tinha mais a próstata
nem ela o útero e os ovários
seu primeiro filho deu pra roqueiro
e o segundo formou-se dentista
o terceiro virou vadio
e o último doutor delegado
com o dinheirinho da pensão
faziam a feira
compravam remédios
e na primeira sexta-feira do mês
iam a um cinema da Prefeitura
e a um motel bastante aceitável

minha mulher pensa que meus versos
são sempre escritos para alguém
quando são apenas frutos
do meu andarilho realismo
que continuamente se bifurca
em busca de minhas muitas faces

todos os dias
observo este trecho de rua
que percorro todos os dias
como me parecia imenso
quando eu o subia com meu velocípede!
como me parece mais longo
quando hoje desço
com minha bengala!

eu não sabia que o futuro me traria
a mulher que amei e que perdi
nem outro jovem amor tardio
nem meus filhos
e amigos sábios e amenos
não sabia que um dia amaria os antigos
e leria apaixonado "As Confissões"
nem que me tornaria
um humilde professor
de uma escola humilde
que escreveria poemas
como este
por isso vivi bravamente
o tempo sem tempo da juventude
e li
e amei
e escrevi
sem sabedoria
guardando sem desejar
tudo no coração
e ouvi o som pesado de Aqualung
achando que meus ídolos
não envelheceriam comigo
por isso tomei ácido
meditando
após as aulas do monge Ricardo
por isso me angustiei
fui fiel a mim

busquei-me nos infernos
sem libertar-me
por isso fui duro
exigente
como exige a eternidade
por isso estou aqui
em terra estranha
escrevendo meu dicionário
e levantando ainda a viga
da minha cidade

quando estou triste
muito triste
penso no meu Jesus Cristinho
em seu berço improvisado
sem mingau de Neston a esperá-lo
mas com o leite abundante de Maria
e o calor de lã do manto de José
penso nos seus sonhos róseos
e na estrela de Belém a iluminá-lo
nas cantigas dos pastores à sua roda
subitamente despojadas de sua rudeza
antes doce
como se o menino
fosse seu próprio filho
penso nos animais silentes mas atentos
ao prodígio de uma criança
tão confiadamente deixada entre eles
penso no murmurinho das ruas
nas conversas à frente das casas
nas festivas taças de vinho
pois para todos é tempo de reencontro
com parentes próximos ou distantes
tempo de reencontro também com algo mais profundo
que no sono do menino se anuncia
que entrevemos
auscultamos
mas ainda
largamente
ignoramos

tenho que ajustar umas contas com você
que por tanto tempo guardei em silêncio
na minha alma
como uma menina guarda em seu baú
sua melhor boneca
sem mostrá-la às amigas
de fato
tenho é que ajustar contas comigo
pois todo o tempo brincavas aqui dentro
e me punhas a dançar
também secretamente
agora te revendo
ainda que de modo tão breve
sei que sobre ti não posso dizer nada
que és interdita aos outros tabus
e por isso também a mim
mas que dizes por mim
que te revelas
resvalas por meu corpo
que se trai e te enlaça
bailarina
sem que ninguém entenda nada

está frio e escuro
e eu queria conseguir dormir
mas o mundo tritura com dentes de hoje
o dia de amanhã
o vizinho escuta uma rádio impertinente
e fala de coisas cujo sabor perdi
ninguém vê minha estranheza
meu afastamento de mim
do mundo que mói
suas próprias rodas impessoais
não há mais cinco minutos num cigarro
nem o doce torpor do vinho
só a cabeça que range
como um berço antigo
onde uma criança espera
o beijo de boa noite
que ninguém dará

deixa que o cansaço te vença
que a lucidez se vá
repousa teu corpo tão submetido
à imitação do crucificado
esquece esse desvio doutrinário
que sela os sentidos
buscando na morte a vida
deixa que o sono venha
com sua carne de desejos
e que de manhã
tua verdade se contenha
no afago do companheiro
que de fato dormiu
ao teu lado

a mácula que impuseste
a outra alma
nunca
nunca a limparás
foste vil
mas não te culpe
não saberias então agir de outro modo
agora que tua vida parece arranjada
sentes que te roem por dentro
outras tormentas
que acumulastes outras vilezas
e que estás tão confuso
como outrora

neste domingo chuvoso e frio
eu queria a fé de São Francisco
para com as roupas ensopadas
ajoelhar-me e orar no meio do caminho
porque as horas de oração não preveem o tempo
que estejamos abrigados
e o corpo saciado
antes nos ensina a providência
do Deus que vai conosco no caminho
seja tempo firme e radioso
seja este domingo tão frio e tão chuvoso

entre os acordes dissonantes de Curitiba
ouço grilos
filhos dos grilos ancestrais que aqui habitaram
charcos e pinheirais
pressente-se o pântano subterrâneo
nas súbitas falhas do asfalto
ouvem-se grilos
no jardim que piedosamente rego
para que o tempo em que herdaram a Terra
jamais se apague
jamais em meu jardim

eu te chamei
mas você pensou que era o sorveteiro
e se foi
tomando sorvete
eu saí do banco da praça
amarrotando raivoso o jornal
onde lia a programação dos cinemas
cinema sozinho é sem graça
cinema por certo é pretexto
eu nunca mais quis sorvete
que tem sabor de desencontro
no abacaxi
no morango
e no coco

recebe esta dor
eu a dou como quem dá
seu melhor presente
eu passava pelas coisas aturdido
sem saber seu preço em sofrimento
porque a dor é uma conquista
e tamanha
que meu verso soa torpe e inadequado
na verdade
não se trata de versos
mas de carne
de feridas atemporais
mal definidas
posto que desmedidas
mas que se deseja pesar e medir
dividir com outro
encontrá-la no outro
no amor difícil do outro
no amor difícil por nós

um dia me perderei na paisagem
na janela do ônibus que leva
de Curitiba a Londrina
quem viaja de avião vê nuvens
e o brilho do sol no metal das asas
quem vai de ônibus vê abismos
altas montanhas
cidades que se atravessa
vacas sempre de pescoço inclinado
campos cultivados e ermos
postos de gasolina onde se para
para uma coxinha e uma Coca
um dia me perderei por aí
para jamais esquecer
que o meu meio sempre é o caminho

nunca apanhe cigarros
na bolsa de uma mulher
eles cheiram a couro molhado
e a perfume
e são literalmente intragáveis

quando as explosões são controladas
dizemos que o dia foi bom
quando não corre muito sangue
dizemos que o estado geral é ótimo
quando as lágrimas são contidas
dizemos que somos felizes
quando repassamos o nosso rosário
começamos com o Credo ao nosso alcance

eu sou o último zagueiro
e meu goleiro está batido
você já reparou como o gol é grande?
como é difícil marcar um mulato
que aprendeu o que é bola aos dois anos?
você já tentou não cair de bunda
quando ele ginga pra todo lado?
você já tentou manter num tal caso a compostura
que a gloriosa camisa do seu time demanda?
você sabe que mesmo assim
um zagueiro classudo tem uma chance?

nunca alcançarei aqueles cimos
que a água que bebo
conserva em gelo cruel
muitas vezes me pus a caminho
todos os dias da minha vida
que ao poente
projeta sua longa sombra para trás
se me coube o inverno
como os alcançaria?
escorregões
tropeções
zombarias
prodigalizou-me a fértil natureza
e o silêncio celeste
foi seu riso

as flores estão na natureza
e eu no meio da minha vida
elas lançam suas sementes no outono
e florescem na primavera
eu semeio ao Deus dará
e floresço quando menos espero
eu não preciso de chuvas certas
e solo fértil
preciso do que não sei
a incerteza é meu meio

quero um silêncio imenso
que o roçar do grafite
não macule
como o dos cortejos de anjinhos
nos dezembros de Cáceres
que suspendiam o suplício
das aranhas queimadas vivas
e me faziam segurar agoniado
o jaleco também branco
do meu pai em silêncio
ninguém nota quando passo
com minhas roupas simples
e o luxo único de um cigarro
que há muito roí meus pulmões
ninguém nota minhas meias palavras
agora que as palavras inteiras
tornaram-se impossíveis
é meu jeito de caminhar
para o silêncio dos sobreviventes
que viram de perto a vida
que envelheceram com a dignidade possível
e agora auscultam o mundo
no coração doente

ninguém me ferirá de morte
porque tenho a marca de Caim
na fronte
apartado
longe de todos
irei-me um dia
quando o Deus que amo
não aceitou meu culto
hoje vivo a graça paradoxal
de quem não pode viver
nem morrer

varrendo o chão
sustento a minha alma
cozinhando e comendo
arroz
feijão
salada
bife
mantenho meu rosto erguido
alegre
ou triste
não sei
aqui
no meio da vida
como lhe convenha

amei minha mulher com um amor
nervoso e insensato
o corpo adiante da alma
e a vida irresoluta
obrigando a fazer-me firme
nunca falei dos meus desejos
nunca menti
nem fui verdadeiro
cuidei do que veio
a chuva
o inverno
o medo
como pôde meu coração disparado
ser seu travesseiro?

chora
porque nasceste chorando
para que se abrisse
a imensa esfera azul
que cobre a terra
chora por ti
chora por quem os sinos dobram
chora o dia em que estarás
seco demais para chorar

a Campinas que amei
é a do bonde Dez
das feiras de sexta
com caldo e pastéis
dos campinhos que desbravávamos
no matagal
eu
Ito
Ronaldo
Sergio Selmi
Carlão que morreu afogado
dos jogos da Ponte aos domingos
falo em nome do passado
asfixiado sob minha pele
que esta cidade não mais me agrada
que dela partiram minha mãe
meus avós
Alex
William
para o vil esquecimento
para onde eu mesmo me vou
atrás do meu coração

pátio
ferrugem
cacos
gatos famélicos
ratos
milagrosamente gordos
que importam a Ópera de Arame
a Rua Vinte e Quatro Horas
o Jardim Botânico?
o que eu vejo
é o pátio

eu me sinto inseguro diante de ti
como essa joaninha que descobriste
subindo por tua cortina
pois se abrires a janela
ela cairia do sexto andar
mas que sorte!
joaninhas sabem voar
eu
se caísse de ti
decerto me irias matar

você nem sempre poderá
proteger seus sentimentos
nem sempre a vida
lhe dará suas defesas
mas há sempre a casa por varrer
e os filhos com a lição de casa
há sempre a exigência de amor dos outros
mesmo quando
o seu próprio amor
parece árduo
e os sonhos reporão de novo suas sombras
às vezes de modo tão cifrado
às vezes de modo tão escandalosamente
claro

Este livro foi produzido no Laboratório Gráfico
Arte & Letra, com impressão em risografia e
encadernação manual.